초등 공부 자신감

임민찬 글   김정진 그림

확실한 차이를 만드는 습관

한빛에듀

어린이 여러분에게

공부가 재미없거나 하기 싫을 때가 있나요? 열심히 하려고 책을 펴도 마음이 자꾸 딴 데로 가거나, 공부를 해도 성적이 안 오를 때 속상한 마음이 든 적은요? 저도 어릴 때 그랬어요. '나랑 공부는 안 맞는 것 같아.', '공부하기 싫어. 노는 게 더 좋아.' 같은 생각을 자주 했거든요.

그런데 시간이 지나 생각해 보니, 공부는 나를 힘들게 하는 게 아니라 나를 더 똑똑하게 만들어 주고, 나를 조금씩 더 자라나게 만들어 주는 멋진 일이었어요.

공부 때문에 어려움을 겪고 힘들어하는 많은 초등학생을 직접 만나고 이야기를 나누면서, 어렸을 때 똑같은 고민을 했던 제 모습이 보였어요. 그래서 여러분이 어떻게 하면 좀 더 힘을 내어 공부할 수 있는지 도움을 주고 싶어 이 책을 썼어요.

힘들어도 포기하지 않게 도와주는 말,
'할 수 있다'는 용기를 다시 꺼내 주는 말,
공부를 잘 해낼 수 있는 방법들을 하나하나 꾹꾹 담았어요.

이 책을 읽는 동안 여러분의 마음이 한층 더 따뜻해지고, '그래, 나도 열심히 공부해야겠다!'라는 생각이 들면 좋겠어요.

공부는 끝까지 해내는 사람이 진짜 멋진 사람이에요.
여러분도 분명 멋진 사람이 될 수 있어요.

공부는 누가 대신해 줄 수 없지만, 그 길을 함께 걸어 주는 말 한마디는 큰 힘이 돼요. 이 책이 그렇게 '여러분 곁에서 묵묵히 응원해 주는 책'이 되길 바랍니다.

임민찬

차례

어린이 여러분에게　4

1. 나의 중심을 단단하게 잡아 줄
공부 마음가짐

왜 공부해야 해요?
나의 직업은 '학생'이에요　　　　　　　　　　　　　12

공부가 재미없어요
공부는 쓴 약과 같아요　　　　　　　　　　　　　14

꿈이 없는데도 공부를 해야 하나요?
공부는 나를 자라나게 하는 힘이에요　　　　　　　16
　tip▶ 나만의 꿈을 찾는 3가지 방법

머리 좋은 사람만 공부를 잘하는 거 아니에요?
조금 느리더라도 괜찮아요　　　　　　　　　　　　20

공부는 힘들기만 하고 좋은 점이 하나도 없는 것 같아요
공부는 해도 나쁜 일이 생기지 않아요　　　　　　　22

공부는 나랑 안 맞는 것 같아요
못하는 게 아니라 아직 익숙하지 않은 거예요　　　24
　tip▶ 공부할 때 꼭 가져야 할 3가지 태도

해야 하는 건 알겠지만 의욕이 안 나요
함께 공부하면 더 힘이 나요
28

좋은 점수가 아니면 너무 속상해요
틀린 문제는 나를 도와주는 고마운 문제예요
30

공부하는 게 짜증 나요
짜증 나는 건 당연한 거예요
32

열심히 공부해도 성적이 안 올라요
성적은 천천히 오를 때가 많아요
34
tip 나만의 롤 모델 정하기

② 공부를 멋지게 해내기 위한 올바른 공부 방법

새로운 습관, 딱 3주만 해 보세요	42
플래너를 쓰면 하루가 더 똑똑해져요	44
tip 플래너 작성법	
학교 수업을 열심히 들어야 해요	48
tip 학교 수업을 열심히 듣는 5가지 방법	
책상 위를 깔끔하게 정리해요	52
공부 준비물을 미리미리 준비해요	54
tip 공부를 시작하기 전 준비물 체크리스트	
개념을 외운 뒤에 문제를 풀어야 해요	58
tip 개념을 암기하는 4가지 방법	
쉬운 문제는 정확하게! 그다음엔 빠르게!	62
문제를 풀다가 막히더라도 개념을 찾아 보면 안 돼요	64
실수한 문제를 아쉬워할 줄도 알아야 해요	66
한 단원이 끝나면 꼭 복습해 보세요	68
주말에는 '복습의 날'을 만들어 보세요	70
tip 주말에 '복습의 날' 실천하는 방법	

공부 장소를 가끔은 바꿔 보세요 ... 74
tip 공부하다 지칠 때 해 보면 좋은 방법

공부할 때는 쉬는 시간도 필요해요 ... 78
tip 나만의 규칙적인 쉬는 시간 만드는 방법

③ 나의 미래를 더욱 빛나게 할 소중한 생각들

하나	나는 나중에 크게 될 사람이다	84
둘	나는 나를 더 나아지게 하는 힘이 있다	86
셋	시험 보는 날이 내가 제일 똑똑한 날이다	88
넷	나는 충분히 잘하고 있다	90
다섯	나는 나를 좋은 방향으로 바꿀 수 있다	92
여섯	누가 뭐래도 나는 할 수 있다	94
일곱	나에게는 나를 믿어 주는 부모님이 있다	96

학부모님께 98

나의 중심을
단단하게 잡아 줄
공부 마음가짐

여러분은 공부에 대해 어떤 생각을 가지고 있나요?
왜 공부해야 하는지 궁금한가요?
공부하는 방법을 배우고 공부 습관을 몸에 익히는 것도
중요하지만, 그 전에 나의 중심을 단단하게 잡아 줄
공부 마음가짐을 함께 알아보아요.

왜 공부해야 해요?

질문 있습니다.

✅ 마음가짐

나의 직업은 '학생'이에요

어른들은 각자 하는 일이 있어요.
선생님은 아이들을 가르치고
의사는 아픈 사람을 치료해요.
그게 바로 '직업'이에요.

그렇다면 초등학생인 나는 어떤 일을 해야 할까요?
학생의 일은 배우고, 질문하고, 공부하는 거예요.
왜냐하면 나의 직업은 '학생'이니까요.
공부는 내가 맡은 중요한 역할이죠.

그러니 앞으로 공부가 어렵고 지칠 때마다,
'내 직업은 학생이고,
나는 지금 내 일을 잘 해내고 있는 중이야!' 하고
스스로를 칭찬해 보세요.

✓ 마 음 가 짐

공부는 쓴 약과 같아요

공부하는 게 재미없게 느껴져서
공부하기 싫은 친구들이 많을 거예요.

그런데 사실은요,
공부는 쓴 약과 같아요.
쓴 약은 맛이 없지만
꾹 참고 먹다 보면 내가 더 튼튼해져요.

공부도 마찬가지예요.
공부는 재미없지만
묵묵히 하다 보면 내가 더 똑똑해져요.

공부가 재미없어도 괜찮아요.
포기하지 않고
매일 꾸준히 해 보는 게 중요해요.

마음가짐

공부는 나를 자라나게 하는 힘이에요

'난 아직 꿈이 없는데…… 그래도 공부를
열심히 해야 할까?' 하는 생각이 들 수도 있어요.

지금 당장 꿈이 없어도 걱정하지 마세요.
일단 공부를 해 두면 하고 싶은 걸 발견했을 때
그 꿈을 향해 나아갈 수 있는 힘이 생기거든요.

꿈이 있어도 자라면서 바뀌는 경우가 많아요.
요리사가 되고 싶다가도 나중에는 선생님이 되고 싶어질 수 있어요.
그래서 더더욱 공부를 해 두는 게 중요해요.

공부를 열심히 하면
이다음에 내가 선택할 수 있는 길이 많아져요.
그게 바로 공부가 우리에게 주는 가장 큰 선물이에요.

지금 당장 꿈이 있든 없든,
공부는 나를 근사하게 만드는 힘이랍니다.

나만의 꿈을 찾는 3가지 방법

1 주니어커리어넷 사이트에서 '진로흥미탐색' 해 보기

관심사가 많거나 아직 관심사가 없다면, 나에게 맞는 진로를 탐색해 보는 것도 좋은 방법이에요. 주니어커리어넷 사이트(https://www.career.go.kr/cloud/jm/main/home)를 방문해서 '진로흥미탐색'을 해 보세요. 내가 어떤 분야에 더 큰 관심이 있는지 알아볼 수 있어요. '진로흥미탐색'은 저학년과 고학년으로 나뉘어져 있어서, 내 나이에 맞는 진로 검사를 선택해서 할 수 있어요. 또 다양한 직업에 대한 정보와 동영상도 볼 수 있는 좋은 무료 사이트이니 꼭 한번 활용해 보세요.

2 평소에도 다양한 활동에 도전해 보기

내가 뭘 좋아하는지, 내가 뭘 잘하는지를 알기 위해서는 초등학생 때부터 다양한 활동에 도전해 보는 게 좋아요. 겉으로만 봤을 때는 자신이 없고, 어려워 보일 수도 있어요.

하지만 조금만 용기를 내서 내가 좋아하고 잘하는 게 무엇인지를 스스로 느끼고 고민하는 시간을 가져 보면 좋겠어요. 하나둘 도전하다 보면 분명 나에게 맞는 나만의 꿈을 발견할 수 있게 될 거예요.

③ '나'라는 사람에 대해 알아보기

내가 잘하는 것과 못하는 것, 내가 좋아하는 것과 싫어하는 것을 각각 3가지 정도 적어 보세요. 요즘 내가 가장 재미있게 한 일이나 앞으로 해 보고 싶은 일을 적는 등 '나'라는 사람에 대해 스스로 알아보는 시간을 가져 보는 거예요. 내가 나에 대해 잘 알아야 나만의 꿈을 찾는 데 도움이 된답니다.

✓ **진로를 고민해 볼 때는 이런 자세를 가져 봐요!**

아직은 꿈이 없어도 괜찮아요. 꿈이 있다고 해도 나중에 절대로 못 바꾸는 것도 아니에요. 꿈은 자주 바뀌어도 괜찮아요. 지금은 천천히 둘러보는 시간이니까, 내가 뭘 좋아하는지에 집중하면서 다양한 경험을 쌓으며 진로를 살펴보면 좋겠어요.

머리 좋은 사람만 공부를 잘하는 거 아니에요?

저는 머리가 나빠요.

그래도 공부 잘할 수 있어요?

매일 매일 포기하지 않고!

공부 계획표

✓ 마 음 가 짐

조금 느리더라도 괜찮아요

공부는 머리 좋은 사람이 잘하는 거라고
생각하기 쉬워요. 하지만 정말 그럴까요?
아니에요. 공부는 머리보다 '노력'이 더 중요해요.

처음부터 잘하는 사람도 있겠지만,
노력하지 않으면 결국 금방 지치고 포기하게 돼요.
열심히 연습한 사람이 더 멀리 갈 수 있어요.

운동을 처음 시작했을 때를 떠올려 보세요.
지금보다 공도 못 차고, 달리기도 느렸을 거예요.
누구나 처음은 낯설고 어려워요.
하지만 매일 연습하면 점점 잘하게 되죠.

공부도 똑같아요.
조금 느리더라도 괜찮아요.
포기하지 않고 계속 해 보면 결국 잘하게 되고,
자신의 목표를 이룰 수 있어요.

✓ **마음가짐**

공부는 해도
나쁜 일이 생기지 않아요

어떤 일들은 잘못하면
좋지 않은 결과가 생길 때도 있어요.

운동을 너무 무리하게 하면 다칠 수 있고,
게임을 너무 오래 하면 눈이 아플 수 있어요.

하지만 공부는 달라요!
공부는 아무리 많이 해도
몸이 다치거나 손해 보는 일이 없어요.

오히려 공부를 열심히 하면
성적도 오르고 자신감이 생겨요.
나를 더 똑똑한 사람이 될 수 있도록 해 줘요.

공부는 할수록 나한테 좋은 일만 생기는
멋진 일이에요.

✓ 마 음 가 짐

못하는 게 아니라
아직 익숙하지 않은 거예요

공부가 어렵다고 느껴질 때,
'공부는 나랑 안 맞아.'라고 생각할 수 있어요.

퍼즐도 처음엔 조각이 어디에 맞는지 몰라서 헤매지만,
조금씩 맞추다 보면 전체 그림이 보여요.
피아노처럼 악기를 배울 때도
처음엔 한 손가락으로도 버벅거리지만,
매일 연습하면 두 손으로도 멋지게 칠 수 있게 되잖아요?

공부도 마찬가지예요. 익숙하지 않아서 그런 거예요.
처음엔 누구나 실수하고, 시간이 걸릴 수 있어요.
그래도 계속 해 보면 '어? 이제 좀 알겠다!' 싶은 순간이 꼭 와요.

지금은 못하는 게 아니라 천천히 배우고 있는 중이에요.
그러니 처음부터 내 마음대로
공부가 되지 않는다고 해서 너무 걱정하지 말고,
익숙해질 때까지 묵묵히 공부해 보면 좋겠어요.

TIP

공부할 때 꼭 가져야 할 3가지 태도

① '완벽하게'보다 '꾸준하게'

내 실력이 완벽하지 않아 걱정되나요? 그럴 필요 없어요. 그 누구도 처음부터 완벽하게 공부하지 못해요. 처음은 누구나 서툴고 어렵고 힘들어요. 처음부터 너무 완벽해지려고 하면 쉽게 지쳐요. 그러니 하루에 문제집 한 쪽씩부터 시작해 보아도 좋아요. 일단 꾸준하게 매일 조금씩 공부하는 습관을 만드는 거예요. 그러다 보면 점점 실력이 좋아지고 성적도 오를 거예요.

② 하기 싫어도 일단 책상에 앉기

일단 집에 오면 공부하기 싫어도 책상에 30분 동안 앉아 있는 습관을 들여 보세요. 그리고 좀 익숙해지면 집중해서 학교 숙제를 먼저 하는 거예요. 처음부터 의자에 앉아 있기가 힘들 수 있어요. 하지만 막상 하다 보면 금방 적응될 거예요. 숙제를 미뤄 봤자 결국 내가 나중에 해야 할 일이고, 내 자유 시간만 줄어들어요. 그러니 미루지 말고 차근차근 꾸준히 공부해 보는 습관을 만들어 보세요.

3 공부는 나를 위한 선물이라는 걸 기억하기

공부는 내 꿈을 키우고 나를 더욱 성장하도록 만들어 주는 선물이에요. 지금은 힘들어도 나중에 생각해 보면 '그때 공부를 열심히 하길 잘했구나!'라는 생각이 들 거예요. 그러니 억지로 한다는 생각을 가지지 말고, 나를 위해 한다는 생각을 꼭 가지자고요.

✓ 마음가짐

틀린 문제는 나를 도와주는 고마운 문제예요

문제를 틀리면 속상할 수 있어요.
'나는 왜 자꾸 틀릴까…….' 하는 생각이 들기도 하죠.

하지만 사실, 틀린 문제는 나를 똑똑하게 만들어 주는 친구예요!
내가 어떤 걸 모르는지, 어떤 부분에서 실수하는지를
틀린 문제가 알려 주거든요.

그래서 틀린 문제가 생기면
"너 덕분에 내가 뭘 더 공부해야 하는지 알게 됐어!"
하고 말해 보세요.

그다음엔, 그 문제를 다시 풀어 보는 거예요.
풀이를 가리고 천천히, 혼자서 맞힐 수 있을 때까지
연습해 보면 그 문제는 어느새 내 편이 되어 있을 거예요.

틀린 문제는 나를 혼내는 게 아니에요.
나를 도와주는 고마운 문제예요.

공부하는 게 짜증 나요

✓ 마 음 가 짐

짜증 나는 건 당연한 거예요

공부를 하다 보면 짜증이 날 때가 있어요.
"아, 왜 이렇게 어려워!", "하기 싫어!" 하고요.
그런데 그건 너무나 당연한 일이에요. 공부는 원래 쉽지 않거든요.

짜증 난다고 공부를 안 해도 되는 건 아니에요.
하고 싶은 일만 하면서 살 수는 없으니까요.
만화책이 동화책보다 재미있다고 해서 만화책만 읽으면
공부를 잘할 수 없어요. 게임이 공부보다 재미있다고 해서
게임만 하면 공부를 잘할 수 없어요.

그러니 앞으로는 이렇게 말해 보세요.
"그래! 짜증 나도 열심히 공부해 볼 거야!"

입으로는 투덜투덜하더라도
손으로는 차근차근 문제를 푸는 거예요.
짜증도 나고 끙끙거릴 때도 있지만,
공부는 그렇게 하면서 점점 더 똑똑해지는 거예요.

✓ 마 음 가 짐

성적은 천천히 오를 때가 많아요

공부를 열심히 했는데
점수가 바로 오르지 않으면 속상할 수 있어요.

하지만 걱정하지 마세요.
성적은 천천히 오르는 경우가 더 많아요.
눈에 안 보여도 여러분은 조금씩 자라고 있는 중이에요.

세상에는 하루아침에 뚝딱 잘하게 되는 일은 없어요.
공부도 마찬가지예요.

성적은 거짓말하지 않아요.
열심히 하다 보면 점수도 분명 따라오게 되어 있어요.

그러니 너무 조급해하지 말고
차근차근 앞으로 나아가 봐요.
포기하지 않고 꾸준히 하는 게 가장 중요해요.

유쾌한 말투? 어려운 걸 쉽게 설명해 주는 모습? 그 사람의 어떤 부분을 닮고 싶은지 고민해 보세요.

그런 다음, 나만의 작은 노트 하나를 마련해서 날짜를 적고 나의 롤 모델이 누구인지와 함께, 어떤 일을 하는 사람이고 어떤 점이 멋있는지, 롤 모델처럼 되려면 나는 지금 뭘 해 볼 수 있을지를 적어 보세요. 이렇게 롤 모델 노트를 써 보면 꿈에 더 가까워지는 기분이 들 거예요!

앞으로 꿈이 바뀌거나 새로운 롤 모델이 생겨도 괜찮아요. 나만의 롤 모델 노트에 꾸준히 기록하다 보면 내가 정말 되고 싶은 사람이 누구일지를 찾게 될 거예요.

✔ 롤 모델을 대하는 마음가짐

롤 모델이 있다고 해서 롤 모델의 모든 걸 똑같이 따라 해야 하는 건 아니에요. 롤 모델이 나에게 주는 힘과 에너지를 느끼고 고민해 보는 것만으로도 충분해요. '나도 저 사람처럼 멋지게 성장할 거야!'라는 마음을 품고, 오늘도 한 걸음씩 꿈을 향해 걸어 보세요!

　　　　　　　　　　　　　　　　年　　월　　일

나의 롤 모델:

직업:

멋진 이유:

내가 노력할 수 있는 부분:

공부를 멋지게 해내기 위한
올바른 공부 방법

앞에서 공부를 대하는 마음가짐을 배웠다면,
이제는 공부를 멋지게 해내기 위한 올바른 공부 방법을 배워 볼 거예요.
어떻게 복습을 하면 좋을지, 어떻게 플래너를 쓰면 좋을지,
어떻게 해야 공부를 잘할 수 있는지 등 하나하나 자세히
알려 주려고 해요. 그러니 꼼꼼히 읽고 실천해 보세요.

새로운 습관, 딱 3주만 해 보세요

공부를 잘하려면
나에게 맞는 공부 습관을 만드는 게 중요해요.

처음에는 새로운 공부법이
귀찮고 어려울 수 있어요.

하지만 딱 3주만 꾸준히 해 보면,
점점 익숙해져서
내 습관이 될 수 있어요!

이걸 '21일의 법칙'이라고 불러요.
무슨 일이든 21일 동안 계속하면
그다음부터는 더 쉽게 할 수 있다는 뜻이에요.

'매일 연산 문제집 풀기'처럼
우선 작은 습관부터 3주를 목표로 도전해 보세요.

플래너 작성법

1 **오늘 해야 할 공부 목록 적기**

- 너무 많지 않게, 할 수 있는 만큼만 공부 목록을 적는 게 좋아요.
- 학교 숙제부터 먼저 적고 그다음에는 학원 숙제를 적고, 마지막으로 집에서 스스로 하는 공부를 적어요.
- 매일 정해진 시간에 쓰는 연습을 해 보세요.

2 **예상 시간 적기**

- 각각의 공부마다 몇 분 정도 시간이 걸릴지도 스스로 예상해서 플래너에 적어 보세요.

3 **끝난 공부에 체크하기**

- 공부를 다 마쳤다면 플래너에 체크 표시를 하세요.
- 실제로 그 공부를 하는 데 걸린 시간을 적고, 내가 원래 예상했던 시간과 비교해 보세요. 그러면 내가 실제로 각각의 공부를 하는 데 얼마나 시간이 걸리는지 객관적으로 파악할 수 있어요.

오늘 내가 해야 할 공부는 뭐지?	예상 시간	실제 걸린 시간
☑ 학교 숙제: 받아쓰기 틀린 문제 3번 쓰기	20분	20분
☑ 학원 숙제: 수학 문제집 3페이지 풀기	30분	45분
☑ 집: 책 읽기	30분	40분

④ 하루 끝나고 잠깐 돌아보기

- 하루 일과가 모두 끝나면, 오늘 하루 동안 공부를 열심히 했는지, 혹시 부족한 부분이나 아쉬운 부분은 없었는지를 짧게 돌아보고 생각해 보는 시간을 가져요.
- 처음에는 플래너 작성이 귀찮을 수 있어요. 하지만 하루하루 내가 쓴 계획을 지켜 가다 보면 어느새 공부가 훨씬 수월해지고 내가 얼마나 잘하고 있는지도 알 수 있어요.

해냈어!

오늘은 계획했던 목표대로 공부를 다 했다. 그런데 수학 문제집을 풀 때는 생각보다 시간이 더 걸렸다. 그래도 풀이 안 보고 스스로 푼 내가 멋지다.

학교 수업을 열심히 들어야 해요

학교에서 선생님 말씀을 듣는 시간,
그게 바로 가장 중요한 공부 시간이에요.

수업을 잘 듣는 건
공부의 시작이자 가장 확실한 공부 방법이기도 하지요.

자꾸 수업 시간에 딴생각을 하거나
교과서에 낙서를 하거나
친구랑 이야기하다 보면,
중요한 내용을 놓치게 될 수 있어요.

수업 시간엔
눈은 선생님 쪽으로!
귀는 집중!
손은 바른 자세!

이렇게만 해도
많은 걸 배울 수 있어요.

공부는 학교 수업을 열심히 듣는 것부터 시작돼요.

학교 수업을 열심히 듣는 5가지 방법

1 손으로 적으면서 듣기

- 수업을 그냥 귀로 듣기만 하면 졸릴 수 있어요. 하지만 손으로 적으면서 들으면, 졸리지 않고 더 집중해서 들을 수 있어요.
- 선생님께서 강조하는 내용을 교과서에 자를 대고 색깔 펜으로 밑줄을 그어 두거나, 형광펜으로 표시해 두는 게 좋아요.
- 선생님께서 설명하신 내용을 교과서 빈 공간에 직접 손으로 메모해 두는 것도 좋답니다.

2 선생님 눈을 보면서 듣기

- 선생님이 말씀하실 때 눈을 맞추면 집중이 더 잘돼요.
- 선생님과 눈이 마주쳤을 때, 끄덕끄덕 고개를 움직이면 내가 잘 듣고 있다는 걸 선생님도 알 수 있어요.

3 자만하지 않기

- '이거 이미 학원에서 배운 건데?', '이미 예습한 내용인데?' 하고 대

충 듣다가는 놓치는 게 생길 수 있어요. 그러니 이미 아는 내용이더라도 자만하지 말고, 다시 들으면서 열심히 공부해야 해요.

④ 모르는 건 바로 표시해 두기

- 수업을 들으면서 이해가 안 가거나 어려웠던 부분이 있으면 물음표 표시를 해 두세요.
- 쉬는 시간에 따로 선생님께 찾아가서 물음표 표시를 한 부분을 질문하거나, 집에 돌아와 공부할 때 문제집을 추가로 풀면서 복습하면 공부를 더 잘 해낼 수 있어요.

⑤ 바른 자세로 듣기

- 엎드리거나 몸을 흔들거리거나 다리를 떨면 집중력이 금방 떨어져요. 그러니 허리를 곧게 쭉 펴고, 다리를 꼬지 않고, 바른 자세로 수업을 들으려고 노력해야 해요.

공부 준비물을 미리미리 준비해요

공부하려고 책상에 앉았는데
"어? 연필이 안 깎였네?",
"지우개 어디 갔지?",
"물 마시고 올게!" 하면서
자꾸 왔다 갔다 하게 되는 경우가 있나요?

이렇게 공부하다가 중간중간 자리를 자꾸 비우면
집중력이 뚝! 떨어질 수 있어요.
다시 앉아서 공부하려 해도
마음이 흐트러져서
집중하기가 더 어려워지거든요.

윽! 똥 마려워!

그래서 공부를 시작하기 전에
연필, 지우개, 자, 문제집, 노트 같은 공부에 필요한 것들을
한꺼번에 미리 준비해 두는 게 좋아요.
그리고 화장실도 미리 다녀오고,
물도 한 컵 마셔 두면 더 좋아요.

이렇게 준비를 다 해 두면
공부 시간이 되었을 때
바로 집중해서 시작할 수 있어요.

공부는 시작하기 전 준비부터가 중요하답니다.
미리 준비하면 마음도 더 차분해지고,
공부도 더 잘할 수 있어요!

공부를 시작하기 전 준비물 체크리스트

앞으로 공부를 시작하기 전에 아래의 체크리스트를 보면서 준비물을 꼼꼼히 챙겨 보세요.

체크	준비물 항목	준비 완료했나요?
○	연필	• 2자루 이상 준비했어요. • 잘 깎여 있는지 확인했어요.
○	지우개	• 지우개가 책상 위에 있어요. • 잘 지워지는지 확인했어요.
○	자	• 자가 책상에 놓여 있어요. (길이 재는 문제가 있을 때 필요해요.)
○	문제집과 노트	• 오늘 풀 문제집과 노트를 꺼냈어요.
○	물 한 컵	• 공부 중에 목마르지 않게 준비했어요.
○	화장실 미리 다녀오기	• 지금은 안 급해요.
○	마음 준비	• 오늘도 차분하게 시작할 준비됐어요.

준비물을 다 챙겼다면 스스로에게 이렇게 말해 보세요.

이제 준비 끝!
나는 공부할 준비가 된
멋진 사람이야!

쉬운 문제는 정확하게!
그다음엔 빠르게!

덧셈, 뺄셈, 곱셈처럼
연산 문제는 쉬워 보일 수 있어요.
그래서 '이건 다 맞겠지.' 하고
대충 풀다가 틀리는 경우도 있죠.

처음에는 무엇보다
정확하게 푸는 게 가장 중요해요.
한 문제도 틀리지 않도록
차분히, 실수 없이 푸는 연습부터 해 보세요.

문제를 풀다가 막히더라도
개념을 찾아보면 안 돼요

문제를 풀다가 막힐 때가 있어요.

그럴 때마다 개념을 바로 찾아보면

문제를 쉽게 풀 수 있을 것처럼 느껴져요.

하지만 개념을 보면서 문제를 푸는 건

진짜 내 실력이 아니에요.

그건 그냥 베낀 것에 가까워요.

처음에는 어려워도
스스로 끝까지 고민해 보는 게 정말 중요해요.

문제를 풀다가 모르겠다면,
그때는 문제 옆에 모르겠다고 별 표시를 해 두면 돼요.

틀리는 건 부끄러운 게 아니에요.
개념을 베끼면서 문제를 푸는 게 부끄러운 행동이에요.

지금 나의 실력을 인정하는 게
진짜 멋진 공부 방법이에요.

실수한 문제를
아쉬워할 줄도 알아야 해요

알고 있는 문제인데도 틀릴 때가 있어요.
그럴 때 '에이, 실수했네. 괜찮아.' 하고
그냥 넘어가고 싶을 수 있어요.

하지만 정말 괜찮을까요?
실수는 누구나 할 수 있어요.
그런데 그냥 넘어가면
다음에도 또 똑같이 틀릴 수 있어요.

그래서 실수한 문제는 아쉬워할 줄도 알아야 해요.
그리고 꼭 다시 살펴봐야 해요.

'왜 이렇게 썼지?'
'문제를 제대로 안 읽었나?'
스스로에게 물어보는 게 정말 중요해요.

실수한 걸 제대로 돌아봐야
다음에는 더 정확하게 풀 수 있어요.

실수하는 건 괜찮아요.
하지만 그 실수를 웃으면서 그냥 넘어가는 건 안 돼요.
실수한 문제를 아쉬워할 줄 아는 자세도 필요해요.

한 단원이 끝나면 꼭 복습해 보세요

문제집에서 한 단원이 끝나면
바로 다음 단원으로 넘어가기 전에
꼭 복습해 보세요.

먼저 그 단원에서 배운 개념을 다시 읽어 보며 외우고,
틀렸던 문제도 다시 한번 풀어 보는 거예요.
그러면 잊어버리지 않고 더 오래 기억할 수 있어요.

그리고 더 멋진 복습 방법이 있어요.
바로 '누적 복습'이에요.

1단원이 끝나면 → 1단원 복습.

2단원이 끝나면 → 1단원 10분 정도 빠르게 읽기 + 2단원 복습.

3단원이 끝나면 → 1, 2단원 10분 정도 빠르게 읽기 + 3단원 복습.

이렇게 하면 앞에서 배운 것을
다시 떠올릴 수 있어서 훨씬 똑똑해질 수 있어요.

공부는 앞으로 가는 힘도 필요하지만,
뒤를 돌아보는 힘도 아주 중요해요!

주말에는 '복습의 날'을 만들어 보세요

지금은 평일에 공부하고,
주말에는 무조건 놀기도 하죠.
그런데 중학생이 되면,
학교 수업도 많아지고 학원이나 과제 때문에
공부할 시간이 더 부족해져요.

중학생이 되어서도 좋은 성적을 위해서는
주말 공부 습관이 필요해요.
하지만 중학생 때 처음 습관을 들이려면 힘들어요.
그러니 지금부터 연습해 보면 어떨까요?

바로 주말 중 하루를 '복습의 날'로 정해 보는 거예요.

그날은 1주일 동안 배운 것 중에서
과목별로 10~20분만 복습해 보세요.
개념도 다시 읽어 보고, 틀린 문제는 다시 한번 풀어 보는 거예요.

조금 귀찮을 수 있지만
지금부터 주말 복습 습관을 들이면,
중학생이 되었을 때 정말 큰 힘이 돼요.
주말 복습은 나를 더 단단하게 만들어 주는 습관이에요!

주말에 '복습의 날' 실천하는 방법

1 주말 중 하루를 '복습의 날'로 정하기

- 주말 중 하루를 정하고, 시간도 30분~1시간 정도 정해요.
  예) 매주 토요일 오전 11~12시 / 매주 일요일 저녁 8~9시
- 매주 다른 시간에 하는 것보다, 매주 같은 시간에 하면 습관이 더 잘 생겨요.

2 복습해야 하는 과목 순서와 시간 정하기

- 1주일 동안 배웠던 과목 중 어떤 과목을 먼저 복습할지 순서를 정해 보세요. 내가 가장 좋아하는 것부터 복습하는 게 부담을 줄일 수 있어요.
- 각 과목당 몇 분 동안 복습할 건지도 정해 보세요. 처음에는 과목당 10~15분만 해도 좋으니 우선 습관을 조금씩 만드는 거예요.
- 타이머를 맞춰 두면 더 집중이 잘돼요.

3 복습하기

- 1주일 동안 새로 배웠던 부분의 개념을 차분히 읽은 다음, 다시 여러 번 읽고 써 보면서 암기해요.
- 1주일 동안 풀면서 틀렸던 문제들의 풀이를 노트로 가리고, 다시 한 번 제대로 풀어 보면서 복습해요.

4 매주 '복습의 날'이라는 습관을 꾸준히 실천하기

- 초등학생 때부터 복습의 날을 꾸준히 해 본 학생들은 중고등학생이 되어서도 복습을 잘 해낼 수 있어요.
- 복습은 이미 한 번 공부한 걸 두 번, 세 번 또 봐야 하는 거라 재미없을 수도 있어요. 하지만 복습은 재미로 하는 게 아니에요. 복습을 해야 진정한 나의 지식이 되는 거니, 매주 빼먹지 말고 꼭 꾸준히 실천해 보세요.

공부 장소를 가끔은 바꿔 보세요

항상 같은 자리에서만 공부하면
조금씩 지루해질 수 있어요.
그러면 집중력도 점점 떨어지겠죠?

그럴 땐 공부하는 장소를 살짝 바꿔 보는 것도 좋아요.

예를 들어,
공부를 방에서만 하지 말고 거실에서도 해 보세요.
아니면 주말에는 부모님과 함께
도서관이나 조용한 카페에 가서
공부해 보는 것도 하나의 방법이에요.

장소가 바뀌면 기분도 새로워지고,
공부가 더 잘될 수 있어요!

하지만 한 가지!
눕거나 엎드려서 하면 안 돼요.
꼭 의자에 바르게 앉아서 공부해야
집중이 잘되고 건강도 지킬 수 있어요.

장소는 바꿔도 자세는 바르게!

공부하다 지칠 때
해 보면 좋은 방법

1 좋아하는 간식 한 입 먹기
- 과자보다는 과일이나 견과류처럼 건강한 간식이면 더 좋아요.
- 물도 한 컵 마시고, 에너지를 다시 채워 보세요.

2 5분 간단 스트레칭하기
- 오래 앉아 있다 보면 몸이 뻐근하고 힘들 수 있어요. 공부하다가 지칠 때는, 잠깐 공부를 멈추고 팔과 다리를 쭉 뻗어 보고 어깨도 앞뒤로 돌리면서 몸을 움직여 보세요.

3 찬물로 세수하기
- 졸리고 피곤한 순간이 오면 화장실에 가서 찬물로 세수해 보세요. 개운한 느낌이 날 거예요.

4 짧게 눈 감고 숨 쉬기

- 눈을 감고 깊게 숨을 3번 쉬어 보세요. 마음이 편해지고 머리가 맑아지는 느낌이 들 거예요.

5 나한테 응원 한마디 하기

- 내가 나를 칭찬해 주는 건 큰 힘이 돼요. "나는 지금도 잘하고 있어!", "조금만 더 하면 끝이야!"라고 나 스스로에게 말해 보세요.

6 공부가 끝난 뒤 할 일 떠올리기

- '이거 끝나면 내가 좋아하는 책을 읽을 수 있어!'처럼 공부가 끝난 뒤 내가 할 수 있는 일을 떠올려요. 즐거운 일이 기다리고 있다면 더욱 힘을 내어 공부할 수 있어요.

공부할 때는 쉬는 시간도 필요해요

'빨리 끝내고 놀고 싶어!'
이런 마음이 들 때가 있죠?

그래서 어떤 친구들은
공부를 한꺼번에 몰아서 하기도 해요.
하지만 그렇게 하면
집중력이 점점 떨어지고, 실수도 많아질 수 있어요.

사람은 누구나 오랫동안 계속 집중하기 어려워요.

만약 내가 집중할 수 있는 시간이 30분이라면,
30분 동안 공부한 뒤에는
5~10분 정도 쉬어 주는 게 좋아요.

물을 한 컵 마시거나,
스트레칭을 하면서 몸을 살짝 풀어 주는 거예요.

공부도 중요하지만 쉬는 시간도 똑같이 중요해요!
쉬는 시간 덕분에 공부가 더 잘될 수 있답니다.

나만의 규칙적인 쉬는 시간 만드는 방법

1 내 집중 시간 알아보기

- 타이머를 켜고 내가 몇 분 동안 집중할 수 있는지 재 보세요.
  (혼자 하기 어려우면 부모님과 함께 해 보세요!)
- 5~10번 정도 집중 시간을 재 보고, 나의 평균 집중 시간을 구해 보세요.

2 나만의 공부 시간과 쉬는 시간 정하기

- 예를 들어 평균 집중 시간이 20분이면, '20분 공부+5분 쉬기'로 정하면 돼요.

3 조금씩 집중 시간 늘려 보기

- 20분 동안 집중하는 게 익숙해지면 '25분 공부+5분 쉬기'처럼 5분씩 점점 공부 집중 시간을 늘려 보는 게 좋아요.

4 쉬는 시간에 뭘 할지도 미리 정해 두기

- 쉬는 시간에는 게임이나 스마트폰 말고, 공부하던 자리에서 잠깐 쉴 수 있는 활동을 생각해 보세요.

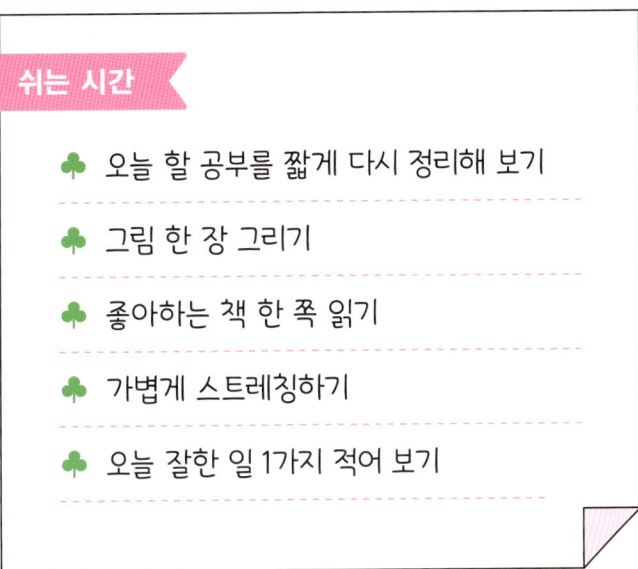

쉬는 시간
- ♣ 오늘 할 공부를 짧게 다시 정리해 보기
- ♣ 그림 한 장 그리기
- ♣ 좋아하는 책 한 쪽 읽기
- ♣ 가볍게 스트레칭하기
- ♣ 오늘 잘한 일 1가지 적어 보기

- 쉬는 시간에 물을 마시거나, 화장실에 다녀온 뒤에는 내가 정해 둔 활동을 해 보세요. 이렇게 하면 쉬는 시간도 내 공부에 힘이 되는 시간이 될 거예요.

나의 미래를 더욱 빛나게 할 소중한 생각들

마지막으로 여러분의 미래를 더욱 빛나게 할 소중한 생각들을
이야기 나눠 보려고 해요. 앞으로 여러분이 초등학교, 중학교, 고등학교를
거치면서 많은 성취를 이루겠지만, 어려움도 겪을 수 있어요.
그럴 때마다 여러분에게 다시 한번 용기를 주고 의지를
다질 수 있는 생각들이에요. 포기하고 싶은 마음이 들 때마다
이 생각들을 떠올려 본다면 힘이 될 거예요.

여러분은 나중에 어떤 사람이 되고 싶나요?
아직 명확한 꿈이 없더라도
누구나 멋진 어른, 중요한 일을 하는 사람,
다른 사람에게 도움이 되는 사람이 되고 싶을 거예요.

그럴 때 한 가지 문장을 기억해 보세요.
'나는 나중에 크게 될 사람이다.'
이 문장을 마음속으로 자주 떠올리면
흔들릴 때마다 나를 다시 잡아 주는 힘이 돼요.

예를 들어, 스마트폰을 너무 오래 보고 싶을 때,
숙제가 하기 싫을 때, 공부가 귀찮을 때
이렇게 다짐해 보세요.

'나는 나중에 큰일을 해내는 사람이 될 거야.
그런 내가 지금 이 작은 것도 조절 못 하면 안 되지!'

지금의 작은 습관 하나하나가
나중의 멋진 나를 만드는 시작이에요.

자기 자신에게 집중하는 건 참 좋은 일이에요.
하지만 친구들과 비교하게 되는 마음이 생긴다고 해서
그게 꼭 나쁜 건 아니에요.

친구가 영어 단어를 빠르게 외우거나,
어려운 문제를 쉽게 풀 때
'왜 나는 저 친구보다 못할까…….' 하고
속상해질 수 있어요.

하지만 속상해한다고 해서 상황이 해결되지는 않아요.
그런 마음이 들 때는
그 친구가 어떻게 공부하는지 지켜보고,
따라 해 보는 것도 좋은 방법이에요.

비교를 잘 활용하면 나를 더 나아지게 만드는 힘이 된답니다.
게임을 고를 때도, 간식을 살 때도,
늘 비교하면서 더 좋은 걸 찾잖아요?

공부도 마찬가지예요.
비교를 무서워하지 말고, 나를 키우는 기회로 바꿔 보세요.

셋,

시험 보는 날이
내가 제일 똑똑한 날이다

매일 매일 공부했으니까!

자, 오늘부터 시험 날까지
열심히 공부한다고 생각해 봐요.

그럼 나는 언제 제일 똑똑해질까요?

오늘보다 내일이 더 똑똑하고,
내일보다는 모레가 더 똑똑하겠죠.
이렇게 하루하루 열심히 공부하면
시험 보는 날이 내가 제일 똑똑한 날이 되는 거예요.

그러니까 오늘 문제를 많이 틀렸다고
너무 속상해하지 말아요.

조금씩 배우다 보면,
분명 시험 날에는
멋지게 해낼 수 있어요.

공부가 잘 안될 때,
스스로를 칭찬해 보세요.

'나는 날마다 점점 더 공부를 잘하고 있어!'
'나는 이번 시험을 잘 볼 수 있어!'

이런 말을 매일 아침 그리고 자기 전에
조용히 마음속으로 해 보는 거예요.

이렇게 자주 말하면,
공부가 힘들어도 포기하지 않고
내 목표를 잊지 않게 도와줘요.

30초면 충분해요.
말로 꺼내면 진짜 힘이 생겨요.

'왜 시험을 꼭 봐야 하지?'
'왜 수업을 꼭 들어야 해?'
이런 생각이 들 때도 있어요.

하지만 이런 생각들은
지금 내가 당장 바꿀 수 없는 것들이에요.

어차피 해야 하는 일이라면,
내가 바꿀 수 있는 걸 생각해 보는 게 더 좋아요.

내가 얼마나 열심히 집중하는지,
문제를 풀 때 어떤 태도로 하는지,
복습을 얼마나 꼼꼼히 하는지
이런 건 내가 마음만 먹으면 바꿀 수 있죠.

불평하는 데에 시간을 쓰기보다는
내가 지금 당장 바꿀 수 있는 것에 힘을 써 보세요.

여섯,
누가 뭐래도 나는 할 수 있다

공부를 열심히 해 보려고 마음먹었는데,
어떤 친구가 "넌 못할 거야." 같은 말을 하면
기분이 나빠지고
자신감이 뚝 떨어질 수 있어요.

하지만 그런 말에
너무 주눅 들 필요는 없어요.

공부는 남이 대신해 주는 게 아니에요.
내가 마음먹고, 내가 노력하면,
누구든지 조금씩 더 잘하게 돼요.

처음엔 느려도 괜찮아요.
포기하지 않고 계속해 보는 게 더 멋진 일이에요.

누가 뭐래도 '나는 할 수 있어!',
그렇게 믿고 한 걸음씩 나아가 보세요.

진짜 중요한 건 남의 말이 아니라
여러분 자신의 마음이에요.

음,
나는 나를 더 나아지게 하는 힘이 있다

지금 우리는 부모님과 많은 시간을 함께 보내고 있어요.
하지만 시간이 지나면 학교생활도 바빠지고
공부할 것도 더 많아져서,
부모님과 이야기할 시간이 점점 줄어들게 돼요.
나중에 어른이 되면
부모님이랑 떨어져서 지내게 되기도 하죠.

그래서 지금,
부모님과 함께하는 하루하루가 정말 소중해요.

항상 나를 걱정해 주시고, 응원해 주시고,
뒤에서 도와주시는 부모님을 생각하면서
'나도 열심히 공부해 볼게요!' 하고 다짐해 보세요.

부모님과 나는 같은 편이에요.
부모님은 내가 더 많은 걸 할 수 있도록 도와주는 분이에요.
나에게는 나를 믿어 주는 부모님이 있다는 걸 잊지 마세요.

학부모님께

　이 책은 초등학생 때부터 과도한 공부를 해야 한다는 식의 불안감을 유발하거나 의대 도전을 권장하는 책이 아닙니다. 초등학생들에게 올바른 공부 마음가짐과 태도, 습관의 중요성을 알려 주기 위해 쓴 책입니다. 전라남도 목포에서 초중고 12년을 거치면서 중앙대 의대라는 목표를 이루어 냈고, 많은 학부모와 초등학생을 대상으로 강연 및 교육 활동을 해 오면서 초등 시기가 얼마나 중요한지를 깨달았기 때문입니다.

초등 시기는 '공부 감정'이 만들어지는 중요한 시기입니다

　공부는 언제까지 해야 할까요? 평생 해야 합니다. 중고등에서 끝나는 게 아니라, 대학생이 되어서도, 취직을 해서도, 부모가 되어서도 공부는 끝이 없죠. 그러한 공부의 시작점이 바로 이 초등 시기입니다.

그런데 초등 시기부터 아이들이 공부에 부정적인 인식을 가지기 시작하면 점점 공부와 멀어지게 되고, 아무리 좋은 문제집을 풀더라도 성적으로 이어지기 어렵습니다. 그렇기에 아이들 스스로 올바른 공부 마음가짐을 배워 나가는 게 중요합니다.

공부를 잘하는 학생들의 공통점은 '공부 습관'이 잡혀 있다는 점입니다

아이가 중고등 때는 자기 주도적으로 공부할 수 있길 바라시나요? 그렇게 하려면, 초등 때부터 '공부 습관'을 잘 잡아 갈 필요가 있습니다. 공부 습관에 대해 많은 학부모님은 "아이의 의지가 약하다.", "아이가 욕심이 없다."라는 이유로 포기하는 경우가 많습니다. 하지만 학부모님, 공부 습관은 아이의 욕심과 의지로 완성되는 게 아니라, 초등 시기에 학부모님께서 함께 잡아 주시는 것입니다.

어른들도 습관 하나를 만들려면 몇 개월, 몇 년이 걸리기도 하는데, 아이들이 처음부터 스스로 플래너를 완벽히 쓰고, 스스로 문제집을 찾아 푸는 게 쉬운 일일까요? 그게 가능한 아이들은 거의 없습니다. 대부분의 아이들은 아직 공부 자체가 낯설고 어렵기 때문에 공부 습관을 스스로 만드는 건 더더욱 어렵습니다.

그러니 초등 시기에는 학부모님이 아이와 함께 공부 습관을 만들어 가는 것이 중요합니다. 이때 잡힌 공부 습관은 중고등 시기의 자기 주도 학습의 소중한 밑바탕이 되어 줄 것입니다. 이 책에는 초등 시기에 꼭 필요한 공부 습관들에 대한 중요성과 방법이 안내되어 있으니, 아이와 함께 읽어 보면서 하나씩 습관을 연습해 나가면 좋겠습니다.

이 책, 이렇게 활용해 보세요!

① 매일 공부 시작 전, 하루에 한 부분씩 아이가 직접 읽어 보며 마음을 다잡도록 해 보세요.

② 학부모님과 아이가 함께 책을 넘겨 보면서 실천할 만한 내용을 체크해 두고 하나씩 도전해 보세요.

③ 아이가 공부로 힘들어하는 모습을 보이면, 이 책 속 문구를 보여 주고 응원해 주세요.

공부는 단순히 성적을 위해서만 하는 게 아닙니다. 공부의 진정한 목적은 아이가 자신이 맡은 바를 성실히 해내고, 조금은 힘들더라도 포기하지 않고 끝까지 해내고, 자신에게 필요한 습관들을 여러 차례 반복을 통해 연습해 보는 등 '삶의 태도'를 배워 나가는 소중한 과정입니다. 이 책은 그 과정에서 아이가 어떠한 공부 마음가짐과 공부 습관을 지녀야 할지에 대해 아이의 눈높이에 맞게 친절하게 안내해 주는 책입니다.

이 책이 학부모님께는 평소 아이에게 해 주고 싶었던 말을 대신 전하는 창으로, 아이에게는 공부 자신감을 얻게 되는 소중한 기회가 되리라 믿습니다.

임민찬

초등 공부 자신감
확실한 차이를 만드는 습관

초판 1쇄 발행 2025년 12월 1일
초판 2쇄 발행 2025년 12월 30일

글 임민찬 **그림** 김정진
펴낸이 김태헌 **기획/편집 총괄** 임규근 **책임편집** 정명순 **진행** 전혜원 **디자인** dal.e
영업/마케팅 총괄 신우섭 **영업** 문윤식, 김선아 **마케팅** 손희정, 박수미, 송수현 **제작** 박성우, 김정우
펴낸곳 한빛에듀 **주소** 서울특별시 서대문구 연희로2길 62 한빛미디어(주) 실용출판부
전화 02-336-7129 **팩스** 02-325-6300
등록 2015년 11월 24일 제2015-000351호 **ISBN** 979-11-6921-450-6 73370

이 책에 대한 의견이나 오탈자 및 잘못된 내용은 출판사 홈페이지나 아래 이메일로 알려 주십시오.
파본은 구매처에서 교환하실 수 있습니다. 책값은 뒤표지에 표시되어 있습니다.
한빛에듀 홈페이지 edu.hanbit.co.kr **이메일** edu@hanbit.co.kr

지금 하지 않으면 할 수 없는 일이 있습니다.
책으로 펴내고 싶은 아이디어나 원고를 메일(writer@hanbit.co.kr)로 보내 주세요.
한빛미디어(주)는 여러분의 소중한 경험과 지식을 기다리고 있습니다.

제품명 초등 공부 자신감 **제조사명** 한빛미디어㈜ **제조년월** 2025년 12월
대상연령 8세 이상 **제조국** 대한민국 **전화번호** 02-336-7129 **주소** 서울시 서대문구 연희로2길 62
주의사항 책의 모서리에 다치지 않게 주의하세요. *KC마크는 이 제품이 공통안전기준에 적합하였음을 의미합니다.